I0122520

T d130
30

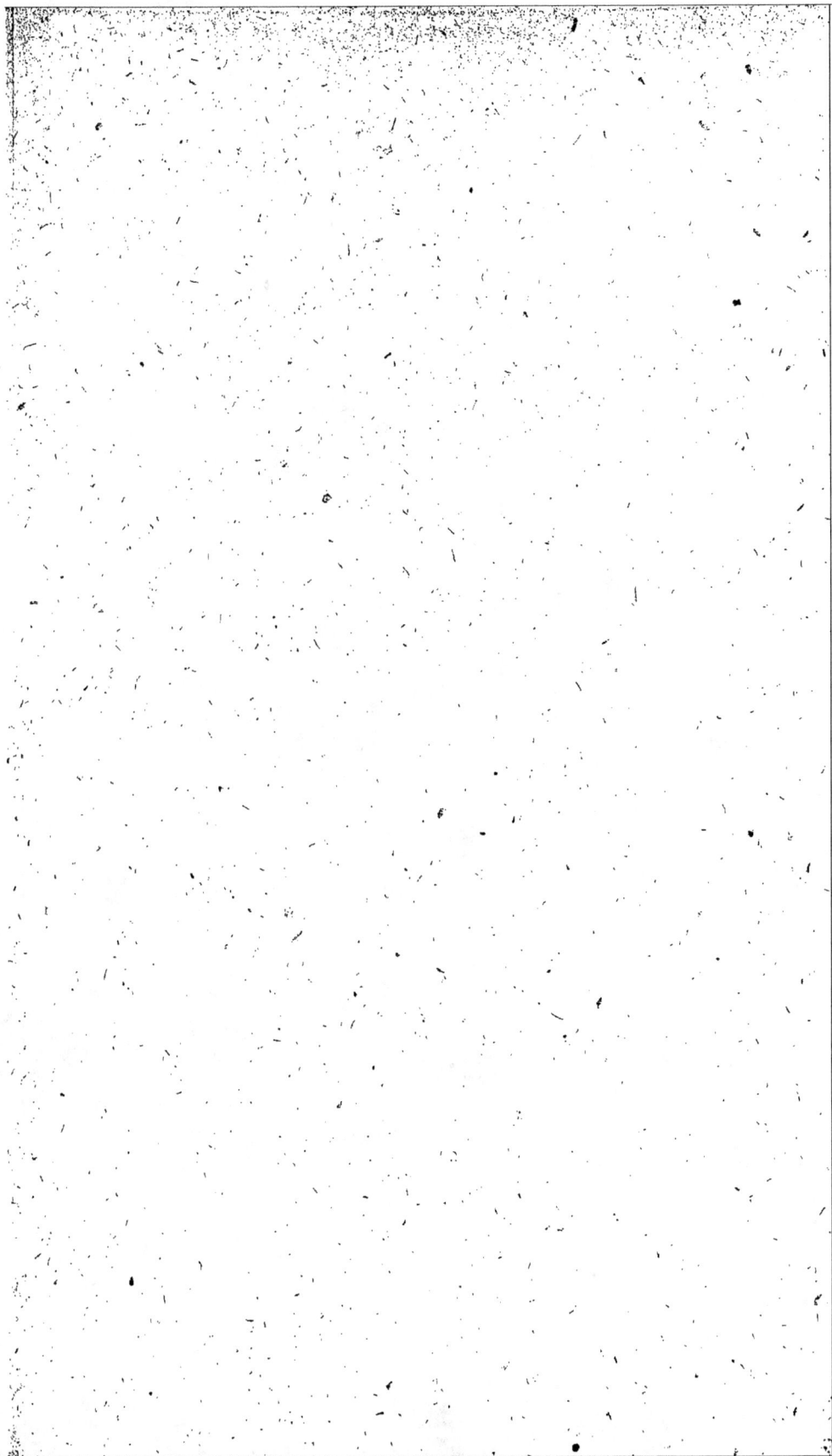

Td 130
30.

# LE TATOUAGE

# AUX ILES MARQUISES

Td 130
30

Paris. — Typographie HENNUYER, rue du Boulevard des Batignolles, 7.

# LE TATOUAGE

AUX

# ILES MARQUISES

PAR

M. LE DOCTEUR BERCHON,

Chirurgien de première classe de la marine, membre associé national
de la Société d'Anthropologie de Paris.

(Extrait du tome I des *Bulletins de la Société d'Anthropologie*.)

PARIS

LIBRAIRIE VICTOR MASSON,

Place de l'École-de-Médecine, 17.

1860

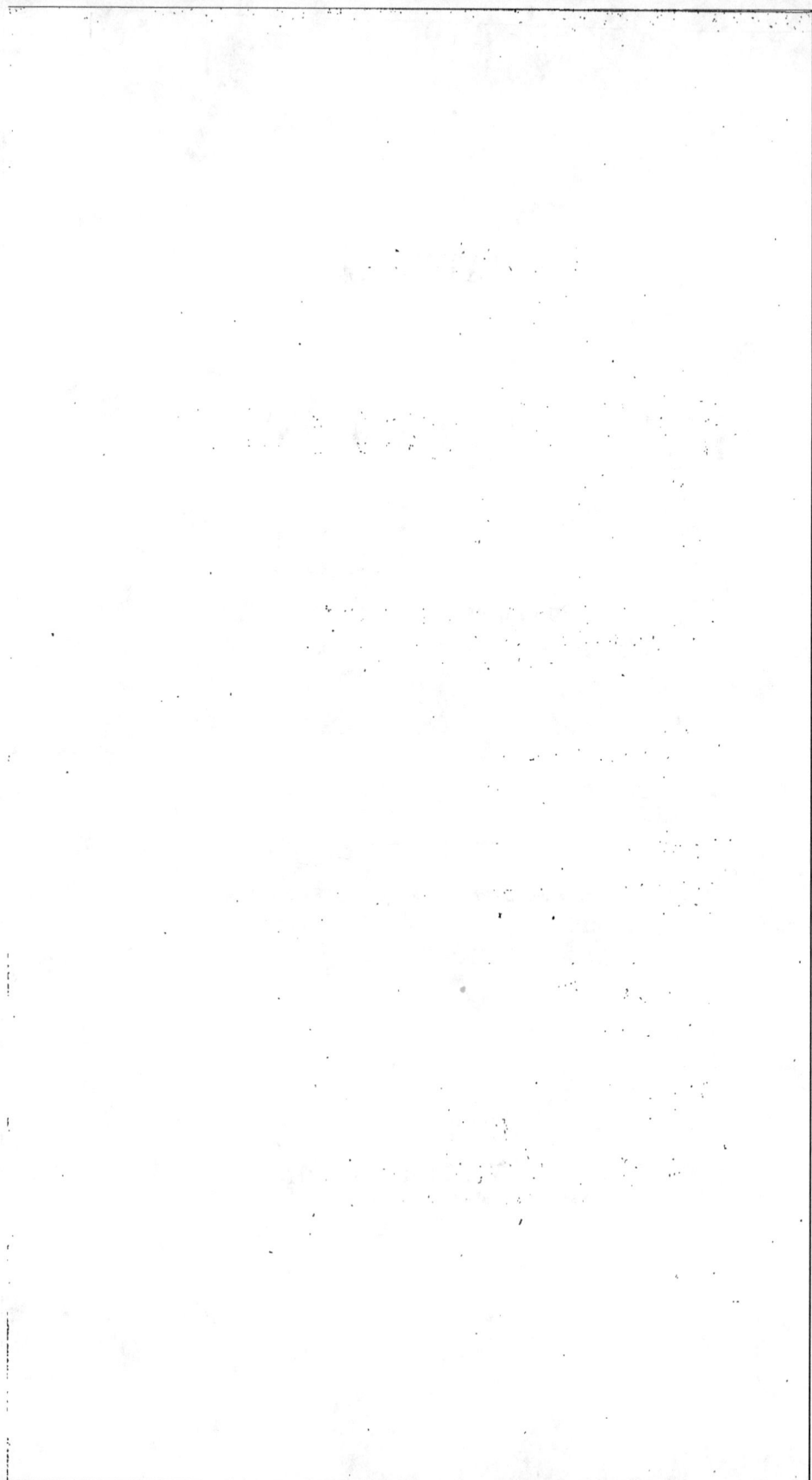

LE

# TATOUAGE AUX ILES MARQUISES

Nous résumerons ici quelques notes recueillies sur le tatouage dans une campagne aux mers du Sud, pendant une relâche à Taïo-Haé, chef-lieu des établissements français à Nou-Hiva (Marquises).

Elles empruntent quelque intérêt à cette considération, que beaucoup de voyageurs ont pris avec raison les indigènes de ce pays comme types de leurs descriptions des races polynésiennes.

*But.* — A Nou-Hiva, comme dans les îles qui l'avoisinent, le tatouage (*tiki*) est un usage aujourd'hui général, mais qui pouvait n'être autrefois qu'un signe de distinction ou de noblesse, ainsi que l'ont avancé quelques auteurs.

On fait encore en effet de grandes fêtes (*koïka*), quand cette opération est pratiquée pour la première fois sur le jeune fils d'un chef; ce qui semblerait être un souvenir de cérémonie d'investiture ou de consécration dont le sens réel doit être aujourd'hui considéré comme entièrement perdu.

Le tatouage n'est plus un privilége, c'est une coutume conservée, une mode adoptée, en même temps qu'un signe de confraternité de race pour les indigènes, et c'est aussi un excellent moyen employé par les Européens qui visitent ces îles pour assurer le succès de leurs entreprises commerciales en inspirant plus de confiance aux habitants.

Nos matelots eux-mêmes, très-partisans du tatouage, ont souvent imité ceux de Krüsenstern, qui raconte que tous les hommes de son navire voulaient être tatoués, et qu'un tatoueur de profession établi à son bord avait peine à suffire aux demandes qui lui étaient adressées [1].

Aucun signe particulier ou de reconnaissance n'est cependant tracé à cette occasion, le choix des dessins est presque entièrement laissé de nos jours au goût du tatoueur ou de celui qui l'emploie, et l'on ne retrouve pas ainsi d'exemples d'adoption de telle ou telle marque par une plus ou moins grande réunion d'individus; l'amiral russe que nous venons de citer avait observé le contraire.

Ce voyageur raconte qu'il existait, à son passage aux Marquises, deux associations rivales ayant pour marque distinctive, l'une le dessin d'un rectangle de 6 pouces de long sur 4 pouces de large; l'autre celui d'un œil, tatoués sur la partie antérieure de la poitrine; mais comme des faits semblables n'ont jamais été signalés par d'autres voyageurs anciens ou modernes, et comme nous n'avons pu nous-même en retrouver d'analogues, nous sommes grandement porté à regarder le fait rapporté plus haut comme tout à fait exceptionnel.

Les habitudes des marins anglais et français représentés par les nommés Roberts et Cabrit, et la rivalité que ces deux hommes entretenaient dans la population nou-hivienne, au dire de l'amiral russe, pourraient facilement servir d'explication pour une singularité qui ne semble pas avoir eu d'imitateurs.

*Profession.* — Quoi qu'il en soit, c'est aux hommes qu'est presque absolument réservée la pratique du tatouage aux Marquises, contrairement à ce que le capi-

[1] *Voyage autour du monde,* de A.-J. de Krüsenstern, 1804-1806; 2 vol. in-4°. Saint-Pétersbourg, 1810–1811.

taine Wilson a remarqué lors de son naufrage aux îles Pelew, où cette opération était exclusivement confiée à des femmes désignées sous le nom de *tackelbis artaïl*, ou artistes femelles [1].

Le tatoueur (*touhouka*) est un personnage relevé, très-considéré, et qu'on appelle souvent d'assez loin pour exercer son art ; ceux des Taïpis [2] jouissaient sous ce rapport, à Nou-Hiva, d'une grande réputation, mais il ne faudrait pas cependant admettre avec quelques narrateurs enthousiastes que leur profession suffit à les protéger en toute circonstance, car nous pourrions citer le frère de deux femmes que nous avons connues à Taïo-Haé (Hanao et Poéhapa) qui fut bel et bien mangé par les indigènes de la baie d'Atouha-Touha à l'est de Nou-Hiva), malgré son talent bien connu de tatoueur qu'il allait y exercer.

Le prestige qui les entoure est même tout à fait subordonné à leur habileté, puisqu'un tatoueur *toupénoa*, ou de basse extraction, est plus recherché qu'un tatoueur *hakaïki*, ou de classe élevée, s'il est reconnu plus capable, et nous ne pouvons mieux indiquer leur rôle dans la société des Marquises qu'en reproduisant ici presque textuellement un fait qu'a bien voulu nous communiquer tout récemment M. A. Lesson, ethnologiste très-distingué, à qui nous avions soumis le travail que nous publions ici [3].

C'était en mars 1844, et un tatoueur était venu de

---

[1] *Relation des îles Pelew*, extraite des journaux du capitaine Henri Wilson, naufragé de *l'Antelope* sur ces îles en 1783. Paris, in-4°, 1788, p. 338.

[2] Tribu de Nou-Hiva.

[3] M. A. Lesson, ancien chirurgien en chef de la marine, se propose de mettre à profit les loisirs de la retraite en publiant prochainement un travail complet sur les races océaniennes, et nul, sans aucun doute, n'est plus en mesure que lui de fixer les termes des grandes questions que soulève un pareil sujet, par l'abondance des matériaux scientifiques recueillis et l'autorité d'une longue observation directe.

Roua-Houga [1] exercer son art à Nou-Hiva; on s'empressa d'abord auprès de lui, et, bien qu'on s'aperçût assez vite qu'il n'était pas très-habile, quelques indigènes continuaient encore à recourir à son talent, quand arriva à Taïo-Haé un des plus grands touhoukas du pays, Piko des Hapaa [2], que la cheffesse Tahia-Oko avait fait demander expressément pour elle et son mari, le chef Te-Moana; dès lors, chacun voulut abandonner l'artiste dont le renom pâlissait devant celui de son rival. Piko fut obligé de refuser un grand nombre de clients, et la vogue était si grande, qu'une femme charmante du temps, Poutona, ne dut qu'à sa réputation d'esprit, à sa qualité d'*haatépéïou* (noble) [3] et à l'amitié de la cheffesse Tahia-Oko la faveur de faire achever par le grand artiste le tatouage que le touhouka de Roua-Houga avait déjà commencé à la main gauche.

La profession de tatoueur est du reste aussi lucrative qu'honorable, et le prix de leur office est le plus ordinairement un ornement de plumes nommé *tavaha* [4], un casse-tête (*houbou*), ou dans certains cas tout à fait spéciaux un *paékaa*, sorte de diadème en nacre ou en écaille de tortue.

Ce dernier présent est toutefois si rare qu'il n'en existait peut-être pas plus de trois spécimens dans toutes les baies de l'île en 1853.

Quelques-unes des cases des touhoukas les plus re-

[1] Ile de l'archipel des Marquises, groupe nord-ouest, aussi nommée *Oua-Ouka*, ce qui s'écrit *Ua-Uka*. Nous avons constamment écrit les noms nou-hiviens comme ils se prononcent; il suffit, du reste, pour les bien orthographier, de changer *ou* et *how* en *u*.

[2] Tribu de Nou-Hiva.

[3] *Haatépéïou* est l'opposé de *toupénoa*, nom réservé à la basse classe des femmes comme à celle des hommes.

[4] Sorte de grand éventail demi-circulaire de plumes noires, qui se porte souvent dressé sur le front, qu'il embrasse jusqu'aux tempes.

nommés sont devenues ainsi, avec le temps, de véri-
tables musées d'ornements ou d'armes de guerre, musées dans lesquels figurent également une assez grande
quantité de tambours ou tam-tam (*pahou*).

Je dois ajouter cependant que les progrès de la civilisation tendent à faire disparaître peu à peu ces
payements en nature et à les remplacer par de l'ar-
gent ou des marchandises introduites par les Européens ; c'est ainsi que quelques tatouages féminins ont
été payés 10 francs, à notre connaissance, dans ces dernières années ; le voyageur Marchand dit que de son
temps un cochon servait quelquefois de salaire en pareil cas [1].

*Ages*. — C'est ordinairement à douze ans que com-
mence l'opération du tatouage, qui ne s'effectue jamais
qu'à diverses reprises et à intervalles souvent fort éloi-
gnés, en raison de la douleur et des dangers qui l'ac-
compagnent fréquemment.

Les femmes y sont soumises comme les hommes,
mais elles ne présentent jamais des dessins aussi va-
riés et aussi compliqués ou aussi nombreux que ces der-
niers, par suite de leur infériorité sociale très-tranchée
et peut-être de leur pusillanimité.

C'est du reste une loi tellement générale du pays,
qu'il n'est pas rare de voir tatouer des jeunes filles et
des jeunes garçons par force, malgré leurs cris qu'é-
touffent des instruments de musique plus ou moins
discordants dont le tapage rappelle parfaitement dans
cette circonstance la grosse caisse, le tambour et les
cuivres des dentistes en plein vent des foires de France.

*Siége et formes*. — Le siége de ces ornements sin-

---

[1] *Voyage autour du monde* (1790-1792) *d'Etienne Marchand*, par Cla-
ret de Fleurieu, t. Ier, p. 110 et suiv.

guliers varie selon les sexes ; on ne les rencontre guère
chez les femmes qu'aux pieds, aux chevilles, aux mains,
près des oreilles, sur les épaules, ou aux lèvres, et
rien n'égale la finesse et la régularité des bottines,
des gants, des boucles, des soleils, des arcs et des lignes tracés d'une manière indélébile dans ces diverses
régions.

Quelques-unes des indigènes, mais en petit nombre,
ont aussi des tatouages plus compliqués sur l'abdomen, sur les reins, sur les fesses ou à la naissance des
cuisses, et Vaïkéou, femme du chef de Taïo-Haé, nous
montra, sans grande honte, comme à tout arrivant,
un tatouage serpentin que la pudeur ne permet pas de
décrire d'une manière minutieuse.

Une métisse, nommée Tétouha-Tétini, portait également sur chacune de ses fesses deux bonshommes assez
singuliers, d'une hauteur de 30 centimètres environ.

Quant aux hommes, il existe entre eux une véritable
émulation de tatouage, et c'est à qui pourra se faire
couvrir le corps de plus de figures, de soleils, de re-
quins, de cancrelats, de cocotiers, de lézards, de trian-
gles, de rectangles, de cercles, ou de figures géomé-
triques variées, sans qu'on puisse admettre d'autre
raison de la bizarrerie de certains dessins que le désir
de donner à la physionomie un aspect plus effrayant
et plus terrible.

Tous ces dessins sont irrégulièrement disposés et insy-
métriques par rapport à l'axe du corps, bien différents
en cela des tatouages anciens que Marchand, cité ou
copié par d'autres voyageurs, disait être de son temps
d'une ressemblance parfaite des deux côtés de la ligne
médiane [1].

<hr />

[1] Hombron (*Notes du voyage au pôle sud de Dumont-d'Urville*, t. IV,

Ils sont très-rarement curvilignes, contrairement à ce qu'on observe généralement à la Nouvelle-Zélande ; on les trouve presque toujours formés de lignes droites anguleuses, sinueuses ou parallèles, parfois toutes obliques dans un sens ou dans l'autre sur une étendue considérable de la peau, ce qui produit le plus étrange effet.

Aucune partie extérieure du corps n'est épargnée, même la face et le cuir chevelu préalablement rasé, et la pensée d'inspirer plus de terreur aux ennemis fait souvent accumuler dans la première région les figures les plus irrégulières, les lignes les plus capricieuses.

Toutefois, quelques chefs des Marquises ne portent aucun tatouage à la tête, bien différemment encore de ce qu'on remarque à la Nouvelle-Zélande, où les empreintes de l'*amoko* ou du *moko*[1], presque toujours curvilignes et régulières, sont d'autant plus nombreuses à la face, que les guerriers ont plus de renom.

Moana, chef de Taïo-Haé, était dans ce cas, et peut-être trouverait-on le motif de cette exception dans la considération des dangers plus grands du tatouage de cette région, ainsi que je le ferai remarquer plus loin.

Je dois noter de plus que la tête est considérée par tous les indigènes comme une partie du corps tellement supérieure aux autres et sacrée, que les caresses les plus innocentes aux yeux d'un Européen sont vues d'un très-mauvais œil à Nou-Hiva ; ce qui peut être encore une des raisons du respect accidentel dont elle est l'objet de la part du tatoueur.

Le reste de l'enveloppe cutanée est très-souvent entièrement couvert de tatouages, au point de simuler la

p. 362) et la *Géographie universelle* de Malte-Brun (édition de 1856 ; Paris, livr. 23, p. 657) consacrent encore cette erreur pour notre temps.

[1] Noms zélandais du tatouage, selon les auteurs.

coloration des nègres, et l'ouverture extérieure de quelques muqueuses porte même des traces semblables, prin-
cipalement l'orifice buccal, l'entrée des narines, le re-
bord des paupières, les gencives, la langue, etc.

*Coloration.* — Tous ces dessins semblent à première
vue d'une teinte noire uniforme, et c'est ainsi que plusieurs voyageurs les ont décrits, faute d'un examen
suffisant; mais il n'en est rien, et une observation atten-
tive fait promptement reconnaître que la nuance noire
n'est due le plus souvent qu'à la disposition, à l'agence-
ment du dessin lui-même, dont l'effet optique donne le
change sur la couleur réelle des hachures très-serrées de
certains tatouages. Ces lignes sont en réalité et presque
toujours d'un bleu foncé; mais quelques individus présentent aussi des petits dessins couleur de laque car-
minée, qui n'ont jamais été signalés jusqu'ici.

*Instruments.* — L'instrument principal, employé d'une
manière presque exclusive par les touhoukas, n'est autre
chose qu'une arête de poisson ou un fragment d'os dont
l'extrémité au moins, bifurquée à la façon de certains
instruments de pêche, est enfoncée dans la peau. Je n'en
ai point vu de semblables à celui que décrit Marchand,
ou plutôt le chirurgien Roblet, qui l'accompagnait aux
Marquises; mais celui de ces auteurs ne différait du reste
de ceux que l'on m'a montrés, que par un nombre plus
considérable de dents et par la substance dans laquelle
on les avait taillées; on se servait alors et peut-être encore, dans quelques baies, d'un petit morceau d'écaille
de tortue, semblable par la forme à une portion de lame
de scie. Banks et Cook décrivent de ces instruments, qui
ne comptaient pas moins de vingt à trente dents [1].

---

[1] *Voyage de* L'ENDEAVOUR, capitaine Jacques Cook, ch. XVII, p. 323,
1768-1771, et *Journal de Banks et Solander*, traduction de Fréville.
Paris, 1772. 3e volume du *Voyage de Bougainville*.

*Substances colorantes.* — Quant aux substances em‑
ployées pour imprimer les dessins au-dessous de l'épi‑
derme, elles sont assez différemment indiquées par les
auteurs qui en ont parlé ; car si Cook et le naturaliste
Banks ont des premiers signalé l'emploi d'une poudre
faite avec de l'eau et du noir de fumée obtenu dans la
combustion de l'huile de la noix de bancoul, Wallis
avait déjà mentionné l'usage d'une espèce de pâte com‑
posée d'huile et de suie [1]; Bougainville, celui de sucs
d'herbes [2]; et Marchand, enfin, l'emploi de poussière de
charbon simplement délayée dans l'eau [3].

On se sert en réalité aux Marquises, et dans l'immense
majorité des cas, d'huile de coco dans laquelle on a
mélangé la suie et le résidu de la combustion de l'amande
de l'*aleurites triloba* de Forster [4], ce qui produit une
sorte d'encre nommée *kàahi*.

La combustion des noix d'aleurites (*amahi ama*)
s'opère sous des pierres ne laissant entre elles qu'une
étroite ouverture par où passe la fumée, et sur laquelle
on frappe constamment avec un bambou ; et M. Lesson
a bien voulu nous communiquer à ce sujet un détail de
mœurs qui nous avait échappé, c'est l'obligation de la

---

[1] *Voyage autour du monde (1766–1768) sur* LE DAUPHIN, p. 262.

[2] *Voyage autour du monde sur la frégate du roi* LA BOUDEUSE *et la
flûte* L'ETOILE (1766–1769), 2e édition. Paris, 1772, t. II, p. 78.

[3] Voyage cité.

[4] L'*aleurites triloba*, dont le fruit est nommé *noix de bancoul* aux Mo‑
luques, appartient à la famille des euphorbiacées et à la monœcie mona‑
delphie de Linné. C'est l'*ambinux* de Commerson (naturaliste de l'expé‑
dition de Bougainville) ; le *croton molucanum* de Linné ; le *camivium*
de Rumphius ; le *telopea* de Solander (naturaliste de l'expédition de
Cook avec Banks) ; et enfin l'*aleurites molucanum* de Bidwill et Bertero.
Un de nos amis, M. Cuzent, pharmacien de la marine, a publié des do‑
cuments très-intéressants sur les divers usages de cet arbre, assez com‑
mun aux Marquises et à Tahiti. Voir les *Etudes sur quelques végétaux de
Tahiti*, Papeete, imprimerie du gouvernement, in-8°, 1857.

virginité pour la jeune fille qui aide l'homme chargé de la préparation. L'opération ne pourrait réussir si la Pahoé n'avait pas été sage.

Bien que l'encre que je viens d'indiquer soit presque exclusivement employée, l'existence des deux colorations distinctes dont j'ai parlé plus haut justifie peut-être l'opinion de quelques voyageurs, qui ont avancé qu'on se servait aussi de jus d'herbes pour certains tatouages. Cook désigne tout particulièrement celui du *doeedoee*[1] dans son *Troisième voyage*[2], et l'on m'a également dit que le suc produit par la contusion de la plante qui sert à stupéfier le poisson dans les pêches journalières des indigènes (*tephrosia piscatoria*) servait aussi à cet usage; j'avoue n'avoir pas une grande confiance dans ce renseignement[3].

M. Jouan, auteur d'un travail considérable sur les îles Marquises, m'a écrit tout récemment qu'il croyait que les dessins couleur de laque teintée de carmin provenaient de l'emploi exclusif de la suie d'*ama*[4] sans mélange avec l'huile de coco.

J'aimerais mieux admettre avec mon ami Cuzent que

---

[1] D'actives recherches n'ont pu encore nous faire reconnaître le nom scientifique de ce végétal. Nous avons l'intention de les continuer.

[2] *Troisième voyage autour du monde du capitaine James Cook* (1776-1780), t. II, p. 62, traduction française. Paris, 1785.

[3] Je viens d'écrire à un médecin de Nou-Hiva pour obtenir des données précises sur ce point.

[4] *Ama* est le nom nou-hivien de l'amande de l'*aleurites tribola*, nommée *rama* aux îles Mangaréva (A. Lesson), *tiaïri* ou *tutui* à Tahiti, *kukui* aux îles Sandwich. J'ajouterai que le même mot signifie aussi *lune* et *lumière* dans le dialecte des Marquises, probablement parce que la combustion de ces amandes empilées sert exclusivement de luminaire, et qu'il se rapproche beaucoup de la dénomination d'*amoko* donnée par les Nouveaux-Zélandais à l'opération et à la matière du tatouage. J'insiste, du reste, sur ces questions d'étymologie et de synonymie dans le chapitre de mon mémoire inédit, consacré à l'étude des expressions par lesquelles se trouve désigné le tatouage chez les différents peuples.

j'ai consulté, et dont les savantes recherches chimiques sur la plupart des produits végétaux de l'Océanie sont en cours de publication, que les colorations accidentelles des tatouages sont le résultat de l'addition aux matières ordinairement employées du suc rouge carmin obtenu par contusion des fruits du *ficus tinctoria* et des feuilles du *cordia sebestena* de Forster.

*Mode opératoire.* — Le mode opératoire du tatouage a peu varié aux Marquises, et la plupart des navigateurs qui en ont parlé depuis Cook, Banks, Marchand, etc., ont reproduit à peu près les mêmes termes, à l'exception pourtant du mode d'introduction de la liqueur colorée et du degré de pénétration des dents de l'instrument lui-même.

Aucun des voyageurs n'a pourtant indiqué le sens suivant lequel l'instrument vient rencontrer la peau ; et, bien que nous ne puissions pas affirmer qu'il en est toujours ainsi, nous avons vu que les pointes acérées étaient ordinairement placées dans une position à peu près parallèle ou légèrement oblique relativement à la partie sur laquelle on opérait.

Elles ne sont point directement enfoncées dans le derme, comme en France où le mode d'introduction des aiguilles ressemble exactement à l'opération de la vaccine ou à l'inoculation ; c'est à l'aide d'une baguette de *casuarina* ou de bois léger dont on frappe de petits coups sur la partie de l'os, de l'écaille ou de l'arête de poisson opposée aux dents.

L'appareil instrumental se trouve ainsi un peu plus compliqué en Océanie qu'en Europe, où l'on n'emploie que des aiguilles fines, réunies parallèlement sur une ligne, fixées au nombre de deux, trois ou cinq au bout d'un petit morceau de bois ou d'un bouchon ; d'où plusieurs dénominations usitées aux Marquises, où l'on

nomme *tàà*, la partie dentelée de l'instrument servant
à tatouer; *kakaho*, la portion horizontale supportant
ces dents; *ta-tiki*, le bâton qui sert à les enfoncer dans la
peau, et *patu tiki* l'instrument à tatouer lui-même pris
dans un sens général.

Quant au degré de profondeur des piqûres, il est na-
turellement variable selon les régions et la plus ou
moins grande épaisseur ou sensibilité des tissus.

On n'emploie point la baguette faisant l'office du petit
maillet, lorsque l'opération se pratique sur les paupières,
les gencives ou d'autres parties délicates.

La peau est du reste préalablement tendue assez for-
tement, soit par les mains du tatoueur ou de ses aides,
soit à l'aide de ligatures, et les piqûres sont rapidement
exécutées sur toute l'étendue de la surface que l'on veut
tatouer.

Richard-A. Cruise [1], M. Moerenhout [2] et M. Lesson [3]
sont peut-être les seuls voyageurs qui aient signalé l'u-
sage, observé à la Nouvelle-Zélande et aux îles Gambier,
de dessiner sur la peau avec du charbon les dessins que
l'on se propose d'incruster, en quelque sorte, dans son
épaisseur. Certains tatouages, et spécialement ceux des
femmes, ne pourraient avoir la régularité qui en fait un
réel ornement sans cette précaution négligée par les
tatoueurs vulgaires, mais exactement prise par les
artistes célèbres; Piko, que nous avons cité, l'observait
toujours.

J'ai dit plus haut que les auteurs qui ont consacré
quelques lignes de leurs relations aux tatouages des
Marquises étaient peu d'accord sur le mode d'introduc-

[1] *Journal of ten month's Residence in New-Zeeland*. London, 1823.
[2] *Voyages aux îles du grand Océan*, par J.-A. Moerenhout. Paris,
1837, t. II, p. 125.
[3] *Voyage aux îles Mangaréva*. Rochefort, 1844, p. 147.

tion des substances destinées à l'impression définitive des dessins; mais leurs divergences d'opinion ne consistent au fond que dans une question de temps; car si les uns avancent que toutes les piqûres sont pratiquées avant l'application des couleurs sous forme de pâtes, de lotions ou d'autres variétés de topiques, le plus grand nombre décrit ces deux opérations comme simultanées.

C'est de cette dernière manière que le tatouage est toujours pratiqué; les dents de l'instrument sont à chaque instant plongées dans l'huile chargée de suie d'ama, qui s'écoule pendant leurs diverses réintroductions le long des pointes elles-mêmes; les arêtes de poisson présentent des espèces de cannelures naturelles qui favorisent à merveille la réussite de ce procédé.

*Suites.* — On conçoit sans peine qu'une pareille opération s'accompagne de vives douleurs, si l'on tient compte surtout de l'étendue considérable de certains tatouages et de la durée des séances, qui dépasse souvent plusieurs heures; c'est aussi ce que Banks, Cook et bien d'autres avaient dès longtemps indiqué. Aux plaintes du patient succèdent promptement des cris arrachés par la violence des souffrances; le tatoué se débat et mêle les prières aux vociférations; mais les nombreux aides du tatoueur le maintiennent de force jusqu'à la fin de ce véritable supplice, et les cris des assistants, mêlés et couverts par les accords sauvages dont j'ai parlé, étouffent complétement la voix de la victime.

On a dit qu'il arrivait souvent que le sang jaillissait avec force des piqûres; mais comme ce fait serait évidemment nuisible au résultat que le tatoueur se propose d'obtenir, et comme il n'a pas été noté par les narrateurs que leur qualité mettait en mesure de le bien apprécier, c'est-à-dire par les médecins et naturalistes attachés aux

voyages de circumnavigation , nous croyons devoir ac-
cuser d'un peu d'exagération quelques récits où cette
circonstance est mentionnée.

Le chirurgien Roblet n'en parle pas plus que le naturaliste Banks, et Cook, très-fidèle observateur, copié sans
grand respect par un grand nombre de voyageurs modernes, dit même expressément que l'instrument est in-
troduit sous la peau de manière que l'écoulement de
sang n'ait pas lieu [1].

Il ne s'écoule en effet des tatouages artistement pra-
tiqués qu'une sérosité sanguinolente qui se dessèche à la
surface de la peau, se réunit le plus souvent en croûtes
jaunâtres cohérentes, et tombe sous forme de plaques,
en laissant une trace farineuse dont la désquammation
montre enfin à nu les dessins qu'elle recouvrait.

Mais il est rare que les suites de l'opération soient
aussi simples, et l'observation et l'expérience ont sans
doute conduit les tatoueurs à prescrire d'une manière
formelle à leurs clients la diète sévère, le repos sur la
natte et la continence la plus absolue pendant les jours
qui suivent le tatouage.

Il est vrai que ces prescriptions, quoique mises sous
la garantie vénérée du *tapou* [2], sont fréquemment en-
freintes par les femmes de Nou-Hiva, surtout la dernière
qui ne peut s'harmoniser avec leurs goûts bien connus.
Aussi font-elles souvent ce que M. Lesson me contait
dernièrement de Poutoua, qui riait sous cape avec son
amant de voir qu'on regardait ce dernier comme un mari
modèle (*vahana meïtaï*), parce qu'on croyait qu'il avait

[1] *Premier voyage de Cook*, ch. XVII, p. 323.
[2] Le *tapou* ou *taboue* joue, comme on sait, un rôle tout à fait prépon-
dérant dans les institutions sociales de l'Océanie; cette défense s'ap-
plique à tout, aux hommes comme aux choses, et est encore très-géné-
ralement respectée.

respecté l'interdit. Elle plaisanta même avec le tatoueur
à ce sujet, lorsqu'il vint très-cérémonieusement lever le
tapou, trois jours après le tatouage ; mais par une singularité qui n'étonnera pas ceux qui ont bien pu juger
de l'influence de certains tapous sur l'imagination su-
perstitieuse des indigènes, la même femme ne voulut jamais laver la partie qui avait été tatouée jusqu'à la fin
de la désquammation dont j'ai parlé.

Cette dernière prescription, ainsi que celles que j'ai
énumérées, a du reste le double but : de prévenir en
quelque sorte les symptômes fébriles, conséquence ordinaire des piqûres, et de donner aux couleurs du tatouage
un éclat particulier. Il est aussi de tradition aux Marquises que l'état de grossesse nuit singulièrement à la
bonne réussite des dessins ; aussi n'en pratique-t-on jamais pendant toute la durée de la gestation.

*Accidents.* — A ces mesures prophylactiques ou hy-
giéniques se joignent peu de précautions consécutives
aux piqûres ; on n'emploie guère dans ce but que des
applications émollientes dont les feuilles du *haou* [1] sont
la base ordinaire. Aussi les accidents sont-ils assez fré-
quents après le tatouage.

Une inflammation locale plus ou moins vive est presque de rigueur ; elle dure généralement de huit à douze
jours et ne tarde pas à être suivie d'une fièvre d'inten-
sité variable et proportionnée à l'étendue des dessins,
ainsi qu'aux conditions individuelles du sujet ou aux
milieux dans lesquels il se trouve placé.

Il n'est pas rare de voir les parties tatouées devenir
ainsi le siége de phlegmons très-étendus ou de déperdi-
tions de substance considérables, et la mort n'a pas re-

---

[1] Le *haou*, *bourao de Tahiti*, est un arbre commun en Océanie. C'est
l'*hibiscus tiliaceus* de Linné ; le *paritium tiliaceum* de Jussieu, de la famille des malvacées.

connu d'autre cause dans un assez grand nombre de cas.

Quelques Taïpis, distingués assez communément par une profusion de tatouages triangulaires noirs, ont présenté tout particulièrement des phénomènes de gangrène fort étendue, suivis de plaies difficiles à guérir, quand une terminaison fatale n'en avait pas été le résultat.

C'est surtout aux lèvres que l'opération dont nous parlons est dangereuse, bien que le tatouage se borne presque constamment en ce point à quatre ou cinq raies verticales pratiquées en haut et en bas de l'orifice buccal. La face prend alors des dimensions monstrueuses en même temps que des accidents cérébraux se déclarent, et il en est souvent ainsi pour les raies parallèles curvilignes qui circonscrivent l'angle de la mâchoire. Les lignes tracées sur les faces latérales des doigts sont aussi des causes fréquentes de danger.

Or, ce sont là des points spécialement réservés pour le tatouage des femmes ; aussi ces dernières ne sont-elles pas mieux partagées sous ce rapport qu'aux autres points de vue sous lesquels on peut établir une comparaison entre les priviléges, les avantages et les charges attribués aux individus des deux sexes aux Marquises.

Leur infériorité sociale se traduit par une foule d'usages, et le tatouage, s'il est un ornement, est chez elles surtout une obligation plutôt qu'une distinction.

Il faut qu'elles en présentent des marques au moins à la main droite dès qu'elles ont atteint l'âge de douze ou treize ans, car sans cela elles ne pourraient être admises à préparer la *popoï* [1], à faire *pakoko* [2], ou à s'acquitter de la fonction pénible qui leur est exclusivement confiée

---

[1] Fécule fermentée et jaunâtre de l'arbre à pin (*artocarpus incisa*).

[2] Faire *pakoko* correspond au mouvement circulaire des doigts index et médius autour des écuelles de bois où se place la *popoï* au moment des repas ; c'est le seul mode de préhension de cet aliment à Nou-Hiva.

de frotter les morts d'huile de coco jusqu'à momification, préparation désignée sous le nom d'*hakapahaa* [1].

Rappelons à ce sujet et en passant qu'une autre obligation ou coutume sévèrement gardée interdit le lavage de la main qui sert à ce dernier office pendant tout le temps de la momification, qui dure au moins un mois ; je n'ai pas besoin d'insister sur les inconvénients d'une loi d'autant plus dangereuse que la main qui frotte le cadavre sert concurremment à la préparation et à l'ingestion des alimens.

Nous ajouterons aussi que, par un singulier précepte, les femmes ne peuvent en aucune façon se servir de quoi que ce soit qu'un homme ait préparé ou auquel il ait travaillé. Nous avons connu une charmante fille (Hanao) qui, malade depuis longtemps, refusa jusqu'au moment de sa mort de se reposer sur un canapé fabriqué par son frère.

Tels sont les renseignements que nous trouvons dans les notes inédites de notre voyage. Ils tirent leur principale valeur de l'absence presque complète de données

[1] L'horrible fonction de l'*hakapahaa* a été décrite avec une précision remarquable dans le mémoire que M. Jouan a publié sur l'archipel des Marquises, dans la *Revue coloniale* de 1858 (avril) :

« Le mort est assis dans un grand plat et ses bras sont passés sur une barre horizontale ; au bout de quelques jours, et durant les frictions d'huile, un liquide purulent coule du corps, sur lequel les vers se promènent..... L'odeur repoussante qui s'en exhale n'empêche pas les habitants de se livrer à leurs occupations : on rit, on mange, comme si de rien n'était..... Il est impossible d'extirper cette coutume, c'est un véritable empoisonnement miasmatique ; ceux qui travaillent à cette préparation sont très-malades et beaucoup en meurent. »

Ces détails sont d'une grande vérité, et nous n'hésitons pas à attribuer à cette coutume, et surtout à son mode d'exécution, une part réelle dans le nombre des causes qui tendent à décimer et à faire disparaître dans un avenir prochain la population des Marquises. Elle est généralement regardée comme l'origine certaine d'affections de nature septique par tous ceux qui ont pu entrer une fois dans les cases où se fait jour et nuit la préparation du *tou papako* (cadavre).

précises sur le mode opératoire et les dangers du tatouage, qui n'a pas suffisamment attiré l'attention des
voyageurs ou des médecins qui ont visité nos possessions
océaniennes.

Tahiti, qui a eu presque exclusivement les honneurs
des topographies médicales publiées par quelques-uns
de nos confrères de la marine, ne permettait pas du reste
de recueillir un grand nombre d'observations de ce
genre. La civilisation de ses habitants, déjà ancienne et
plus avancée que celle des Kanaques des Marquises, a
rendu le tatouage très-rare chez eux, et cette coutume
est tellement abandonnée de nos jours, que la remarquable *Etude* [1] de M. de Bovis sur la société tahitienne à
l'arrivée des Européens n'en fait pas même mention.

Nous avons eu grand'peine à retrouver en 1853 les
dessins en arcs imprimés sur les fesses, les reins et les
parties latérales de l'abdomen jusqu'aux premières fausses côtes, qui rendaient si fières les femmes de Tahiti au
temps de Cook.

Nous ferons remarquer en terminant qu'une autre
cause du silence gardé jusqu'à présent sur les dangers
du tatouage en Océanie tient aussi à la rapidité du passage des navires de guerre et de commerce sur les rades
des îles de l'Océan Pacifique. Il faut un temps assez long
pour apprécier d'une manière sérieuse et avec toute certitude les mœurs et les usages d'un peuple dont on n'apprend que difficilement la langue, et qui se séquestre
promptement du contact et même de la vue des Européens pendant la durée de ses maladies; il faut prolonger son séjour dans le pays, vivre un peu de la vie qu'on
y mène, et c'est ce que les exigences des affaires ou du
service militaire ne permettent que très-rarement.

[1] *Revue coloniale*, 2ᵉ série, t. XIV, p. 368, 510, 760.

Il faut aussi être *préparé aux observations* par une connaissance au moins superficielle de ce qui a pu être publié sur les questions que l'on se propose d'étudier, et c'est ce qui n'est pas toujours arrivé pour un grand nombre de voyageurs qui ont copié, répété et embelli sans critique les récits de leurs devanciers.

Je n'aurais pu moi-même recueillir et surtout vérifier tous les documents vraiment positifs de cette note sans l'intervention de l'un de nos amis de la marine, le lieutenant de vaisseau Fiquet, qui, lors de notre passage à Taïo-Haé, nous avait promptement initiés aux coutumes les plus secrètes des indigènes de Nou-Hiva, qu'il connaissait d'une manière complète.

Un séjour à terre de près de deux années, le talent d'observation et la visite de toutes les baies de l'île, le mettaient en position de me renseigner parfaitement sur ce qu'il me pouvait me montrer.

PARIS. — TYPOGRAPHIE RENNUYER, RUE DU BOULEVARD DES BATIGNOLLES, 7.

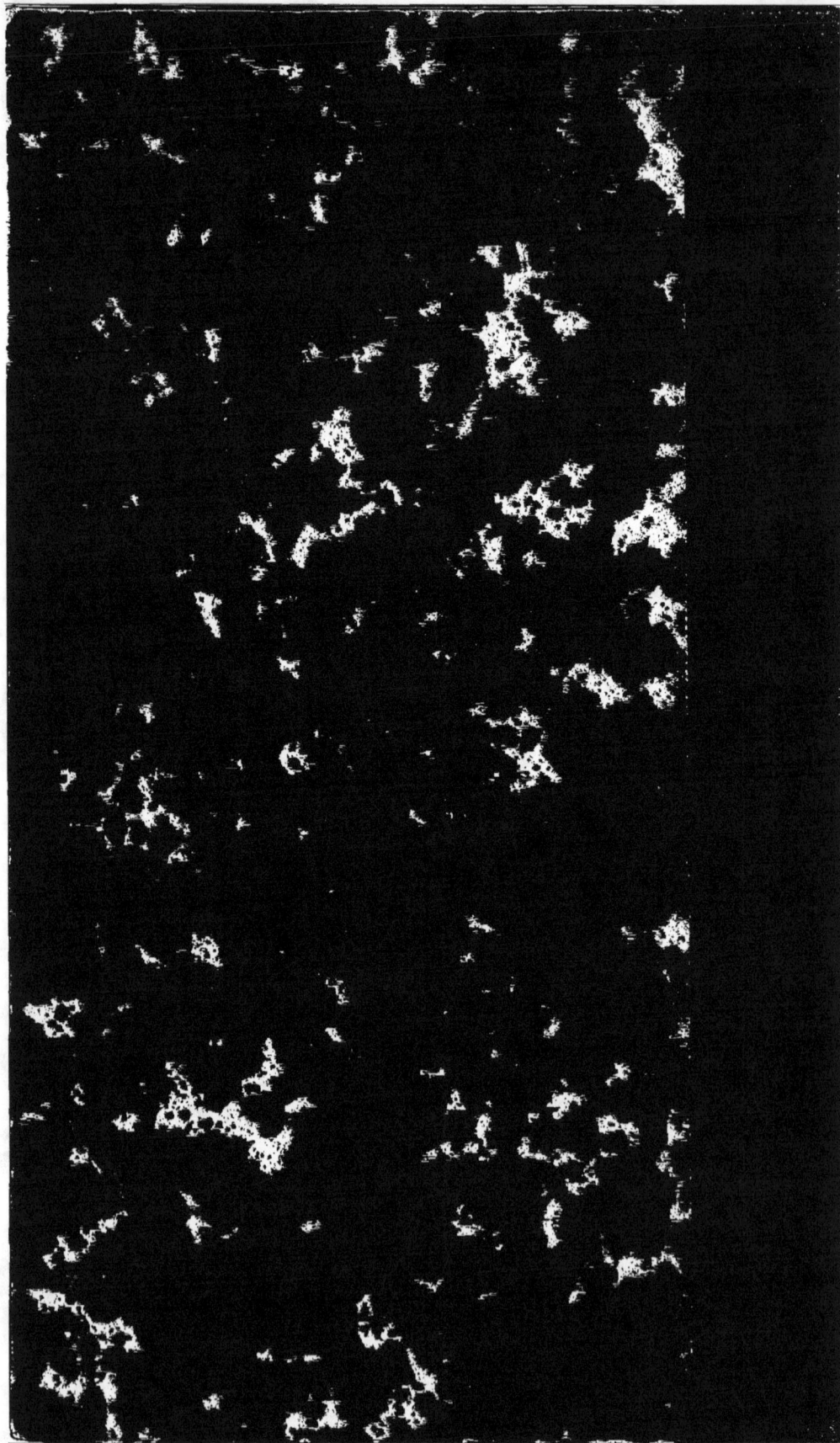

www.ingramcontent.com/pod-product-compliance
Lightning Source LLC
Chambersburg PA
CBHW060753280326
41934CB00010B/2465